# Dosa Manusia Dan Ajaran Gereja Katolik Untuk Kehidupan Kekal Kita Di Syurga 7 October 2025

Jonathan Fabian Ginunggil

Published by Jonathan Fabian Ginunggil, 2025.

DOSA MANUSIA DAN AJARAN GEREJA KATOLIK UNTUK KEHIDUPAN KEKAL KITA DI SYURGA 7 OCTOBER 2025

**First edition. October 7, 2025.**



ISBN: 979-8231890767

Written by Jonathan Fabian Ginunggil.

# Also by Jonathan Fabian Ginunggil

Jesus, Mary, Joseph Ministry of Love (Blessed and Saints and the Nine Choirs of Angels)
Spiritual Journey Towards The Life Of Jesus Christ, Lord And Savior Of The World
Spiritual Readings And The Life Of The Catholic Faith
Spiritual Readings For A Life Of Prayer And Contemplation (9 September 2025)
The Spiritual Reading Leads To The Life Of The Saints In Heaven
Tradisi Suci Kepercayaan Dan Iman Katolik 5 October 2025
Dosa Manusia Dan Ajaran Gereja Katolik Untuk Kehidupan Kekal Kita Di Syurga 7 October 2025
Human Sin And The Teachings Of The Catholic Church For Our Eternal Life In Heaven 7 October 2025
Tentang Tuhan Yesus Kristus, kehidupan manusia serta karunia-karunia Roh kudus

# Table of Contents

My Vocation is Blessed and Saints

"I am the most humble of all the Saints in Heaven" Mary, Mother of God. "I am the handmaid of the Lord, said Mary 'let what you have said be done to me." (Luke 1: 38). Mother Mary is the most humble Saint in Heaven and she is also the Mother of God for us all (Luke 1:38)

Kepha
A
Servus Servorum Dei
Ω

A
Blessed and Saints
Ω

# TENTANG IMEJ TATO DAN LARANGAN UNTUK SEMUA AHLI.

# ABOUT TATOO IMAGES AND PROHIBITIONS FOR ALL MEMBERS.

**Pendahuluan.**

**Introduction.**

Saya berharap agar mereka yang masih mahu meneruskan cara hidup dan panggilan disini perlu tahu segala peraturan dan nasihat yang telah tertulis disini. Peristiwa dan kejadian yang terjadi di masa lampau perlu kita nilai kembali apakah pilihan kehidupan tersebut sesuai untuk kita semua ataupun tidak. Tetapi saya juga perlu berhati-hati dalam soal penerimaan calon-calon untuk masuk ke dalam setiap kelompok atau kumpulan yang telah ditubuhkan. Dan ini bukan sahaja di tempat kita ini Sabah Malaysia tetapi untuk saudara dan saudari kita yang lain di seluruh dunia. Saya berharap setelah kita semua membaca pendapat saya disini tentang imej tato dan larangan untuk kita semua, pilihan ada pada diri kita masing-masing. Ingatlah kita ini adalah anak-anak Allah Bapa yang dikasihiNya. Saya juga berharap agar semua ahli memberi kerjasama di antara satu dengan yang lain. Saya menolak identiti dan tujuan tato ini diadakan kerana kita yang hidup di zaman moden ini berhadapan berbagai-bagai pendapat dan pengertian tentang tato ini. Saya menolak cara hidup dan kemahuan tato yang telah diadakan sejak sekian lama. Dengan membaca perkongsian disini, saya juga berharap kita mampu berfikir secara benar. Itulah sebabnya saya mahu mereka yang telah membuat tato harus bersedia meninggalkan tujuan hidup identiti tersebut. Selain mengekalkan begitu sahaja tato tersebut, ada baiknya saya menyarankan agar mereka yang sudah tahu keadaan seperti ini perlu membukanya serta merta. Tetapi jenis tato sementara yang digunakan untuk tujuan keramaian dan pesta tertentu dibenarkan kerana bentuk tato tersebut boleh dibuka pada bila-bila masa sahaja. Apa yang penting adalah imej tersebut bersesuaian dengan aktiviti yang kita adakan. Saya akan memberikan penjelasan mengenai hal-hal sedemikian.

Marilah kita membaca kembali apa yang telah dikatakan oleh Paus Francis mengenai tato ini. Ini datangnya daripada pertanyaan seorang seminarian dari Ukraina yang bertanya kepada Paus Francis mengenai tato ini.

Yulian Vendzilovych seorang seminarian di Seminari Roh Kudus di Lviv, bertanya kepada Paus Francis bagaimana seorang paderi muda dapat menilai bahagian mana dari budaya modern yang baik dan mana yang tidak. Dia menggunakan contoh tato yang menurut banyak anak muda "mengungkapkan keindahan sejati," katanya. "Jangan takut dengan tato," jawab Paus Francis, sementara mencatat bahawa selama berabad-abad umat Kristen Eritrea dan lainnya telah membuat tato salib. "Tentu saja, boleh saja ada yang dilebih-lebihkan," kata Paus Francis. Namun, tato "adalah tanda pemilikan," dan bertanya kepada anak muda tentang tatonya dapat menjadi tempat yang tepat untuk memulai dialog tentang keutamaan, nilai, pemilikan, "dan kemudian anda dapat mendekati budaya anak muda." "Jangan takut dengan tato," jawab Paus Francis, sambal menyatakan bahawa selama berabad-abad umat Kristen Eritrea dan lainnya telah membuat tato salib.

I hope that those who still want to continue the way of life and vocation here need to know all the rules and advice that have been written here. We need to reassess the events and occurrences that occurred in the past whether these life choices are suitable for us all or not. But I also need to be careful in terms of accepting candidates into each group that has been established. And this is not only in our place, Sabah, Malaysia, but for our other brothers and sisters all over the world. I hope that after we all read my opinion here about tattoo images and what is prohibited for us all, the choice is up to each of us. Remember that we are children of God the Father whom He loves. I also hope that all members will collaborate with one another. I reject the identity and purpose of this tattoo because we who live in modern times are faced with various opinions and understandings about this tattoo. I reject the way of life and tattoo skills that have been established for a long time. By reading the sharing here, I also hope that we will be able to think correctly. That's why I want those who have gotten a tattoo to be willing to abandon that life's purpose of identity. Apart from just keeping the tattoo, it's a good idea for me to suggest that those who are already aware of this kind of situation need to remove it immediately. However, this type of temporary tattoo which is used for certain crowds and parties is justified because this form of tattoo can be opened at any time. What is important is that the image is appropriate to the activities we are carrying out. I will give an explanation regarding such matters.

Let us read again what Pope Francis has said about this tattoo. This comes from a question from a Ukrainian seminarian who asked Pope Francis about this tattoo.

Yulian Vendzilovych, a seminarian at Holy Spirit Seminary in Lviv, asked the Pope Francis how a young priest is to judge which parts of modern culture are good and which are not. He used the example of tattoos, which many young people believe "express true beauty," he said. "Don't be afraid of tattoos," the Pope Francis responded, noting that for centuries Eritrean Christians and others have gotten tattoos of the cross. "Of course, there can be exaggerations," the Pope Francis said. But a tattoo "is a sign of belonging," and asking a young person about his or her tattoos can be a great place to begin a dialogue about priorities, values, belonging, "and then you can approach the culture of the young." "Don't be afraid of tattoos," the Pope Francis responded, noting that for centuries Eritrean Christians and others have gotten tattoos of the cross.

**Bab Pertama.**

**Chapter One.**

**Adakah tato itu berdosa dan bertentangan dengan aya-ayat di Kitab Suci Katolik?**

**Are tattoos sinful and against the teachings of the Catholic Bible?**

Saya percaya pertanyaan seperti ini boleh terjadi pada masa-masa tertentu seperti seorang seminarian dari Ukraina yang bertanya kepada Paus Francis mengenai tato tersebut. Secara umumnya, tidak ada ajaran tentang mengenai tato ini seperti di Katekismus Gereja Katolik apakah ajaran yang menyetujui untuk mengores tato di tubuh badan ataupun yang menentangnya. Namun jika kita membaca Kitab Suci Katolik ada ayat yang sepertinya melarangnya seperti ini: *"Janganlah kamu menggoresi tubuhmu karena orang mati dan janganlah merajah tanda-tanda pada kulitmu; Akulah TUHAN."* (Im 19:28). Jika kita mendefinisikan tato sebagai tanda- tanda yang digores di kulit, maka sesungguhnya berdasarkan ayat ini sepertinya dilarang oleh Tuhan. Memang konteksnya pada zaman Perjanjian Lama dulu membuat tato di tubuh adalah kebiasaan untuk bangsa- bangsa kafir sehingga Allah melarang orang Israel untuk mengikuti kebiasaan tersebut. Pada masa kini nampaknya tato tidak lagi berkonotasi sebagai kebiasaan bangsa kafir (adat pagan), kerana tato ini malah sekarang dikomersialkan di dalam dunia sekular (duniawi). Mereka yang menentang pembuatan tato biasanya menghubungkannya dengan surat Rasul Paulus 1 Kor 6:19-20, *"Atau tidak tahukah kamu, bahwa tubuhmu adalah bait Roh Kudus yang diam di dalam kamu, Roh Kudus yang kamu peroleh dari Allah, dan bahwa kamu bukan milik kamu sendiri? Sebab kamu telah dibeli dan harganya telah lunas dibayar: Karena itu muliakanlah Allah dengan tubuhmu!"* Membuat tato dianggap sebagai perbuatan yang melanggar ayat ini. Adakah itu benar? Sebenarnya prinsip utama yang harus dipegang adalah kerana tubuh kita adalah bait Allah, maka kita harus memperlakukannya dengan baik. Harus diakui bahawa budaya- budaya tertentu membawa pengaruh dalam hal tato ini yang kadang dianggap sebagai hiasan tubuh. Katekismus Gereja Katolik memang tidak menyebutkan secara terperinci. Sebab memang menjadi mustahil untuk membuat pembatasan hitam dan putih untuk hal yang berkaitan dengan hiasan tubuh. Agaknya yang menjadi tolok ukur di sini adalah kebijaksanaan agar jangan sampai yang dimaksudkan untuk hiasan tersebut malahan akhirnya merosakkan tubuh dan mencemarkan tubuh sebagai bait Allah itu.

I believe questions like this may occur at certain times such as a seminarian from Ukraine who asked Pope Francis about the tattoo. In general, there is no teaching about tattoos such as in the Catechism of the Catholic Church, whether teachings that approve of getting tattoos on the body or those that oppose it. However, if we read the Catholic Bible there is a verse that seems to forbid it like this: "You will not gash your bodies when someone dies, and you will not tattoo yourselves. I am Yahweh. (Lev 19:28). If we define tattoos as signs that are inked on the skin, then based on this verse, it seems that it is forbidden by God. Indeed, the context in the Old Testament, making tattoos on the body was a custom of pagan nations, so God forbade the Israelites from following this custom. Now it seems that tattoos no longer have the connotation of a custom of pagan nations, because these tattoos are now commercialized in the secular world. Those who oppose tattooing usually relate it to the Apostle Paul's letter in 1 Corinthians 6:19-20, *"Do you not realise that your body is the temple of the Holy Spirit, who is in you and whom you received from God? You are not your own property, then; you have been bought at a price. So use your body for the glory of God."* Getting a tattoo is considered to be an act that violates this verse. Is that true? Actually, the main principle that must be held is because our body is the temple of God, so we must treat it properly. It must be admitted that certain cultures have an influence on this tattoo, which is sometimes considered as body decoration. The Catechism of the Catholic Church does not mention it in detail. Because it is impossible to make black and white restrictions for matters concerning body decoration. It seems that the benchmark here is ' prudence ', so that what is intended for decoration does not end up damaging the body and defiling the body as the temple of God.

**Bab Kedua.**

**Chapter Two.**

**Perutusan Ilahi dari Tuhan serta karya dari Roh Kudus.**

**The Divine Mission from God and the work of the Holy Spirit.**

Kemungkinan juga ada di antara kita yang sekarang ini mahu bertanya adakah tato itu dosa kalau dipamerkan di depan umum (masyarakat), di rumah, tempat kerja dan juga di tempat-tempat lain ataupun tanpa kita sengaja? Jika kita melihat dari sudut pandangan umum tato adalah suatu bentuk seni yang menginspirasikan karakter atau jiwa seseorang dalam bentuk gambar-gambar yang dipilih atau menjadi inspirasi dalam hidupnya. Tetapi saya juga ingin bertanya secara terbuka, salahkan orang-orang tertentu mempunyai tato meskipun bergambar salib, wajah Yesus, Rosari, atau lainnya yang berhubungan dengan agama katolik? Ini kita tidak boleh nafikan kerana keadaan seperti ini ada di mana-mana tempat. Kita boleh lihat sendiri di media sosial. Dan kemungkinan juga disebabkan mengimani Tuhan maka tato itu digores di tubuh badan dan mereka yang membuatnya merasa lebih dekat dengan Tuhan. Jika tato itu sudah lama digores di tubuh badan dan bertahun-tahun lama, adakah itu juga berdosa? Jadi persoalannya sekarang adalah adakah perbuatan kita ini sesuai dengan ayat di Kitab Suci Katolik ataupun tidak? Memang tidak dinafikan bahawa Katekismus Gereja Katolik tidak memberikan secara terperinci tentang hal ini. Saya juga berharap dan berdoa agar di masa hadapan Gereja Katolik Roma kita akan memberikan kita jawapan yang lebih baik dari apa yang saya berikan disini supaya kita semua dapat membuat keputusan berdasarkan ajaran-ajaran dari Bapa Suci Sri Paus kita serta Magisterium Gereja Katolik. Melihat akan tanda-tanda zaman ini, saya yakin Konsili yang seterusnya akan diadakan untuk kepentingan kita bersama agar Gereja Katolik mampu berhadapan dengan pelbagai persoalan dan mencari kaedah yang baru untuk terus berharap akan karya Roh Kudus. Dengan adanya Hierarki Gereja Katolik – Roma yang terdiri daripada Bapa Suci Sri Paus, Kardinal, Uskup Agung, Uskup, Para Paderi, Diakon serta umat beriman, saya percaya bahawa masalah tato ini kita dapat tangani bersama memandangkan Hierarki Gereja Katolik – Roma ini adalah berkat dari Tuhan itu sendiri. Saya melihat kesungguhan Konsili Vatican II dan Katekismus Gereja Katolik ini adalah untuk kebaikan umat manusia di dunia ini. Secara tidak langsung peristiwa ini terjadi kerana perutusan ilahi dari Tuhan untuk struktur Hierarki yang dahulu sampailah sekarang. Sebagai contoh, menurut ajaran resmi Gereja struktur Hierarki termasuk hakikat kehidupan-nya juga. Perutusan ilahi yang dipercayakan Kristus kepada para rasul itu akan berlangsung sampai akhir zaman (lih. Mat 28:20). Sebab Injil yang harus mereka wartakan, bagi Gereja merupakan asas seluruh kehidupan untuk selamanya. Maka dari itu dalam himpunan yang tersusun secara hierarki iaitu para Rasul telah berusaha mengangkat para pengganti mereka. Maka Konsili mengajarkan bahawa "atas penetapan ilahi para uskup menggantikan para rasul sebagai gembala Gereja". Kepada mereka itu para Rasul berpesan, agar mereka menjaga seluruh kawanan, tempat Roh Kudus mengangkat mereka untuk menggembalakan jemaat Allah (lih. Kis 20:28). (LG 20). Pengganti mereka iaitu, para Uskup, dikehendaki-Nya menjadi gembala dalam Gereja-Nya hingga akhir zaman (LG 18). Inilah yang saya harapkan sekarang agar dengan adanya struktur Hierarki ini ajaran resmi akan ditetapkan. Jika saya ada hadir masa Konsili ini diadakan, saya akan membawa perkara ini dan sekaligus melihat mengharapkan agar Misa Kudus untuk liturgi katolik kita dapat memainkan peranan yang sama.

It is also possible that some of us now want to ask whether it is a sin to display tattoos in public (society), at home, at work and also in other places or without our doing it intentionally? If we look at it from a general perspective, tattoos are a form of art that inspires a person's character or soul in the form of images chosen or become an inspiration in their life. But I also want to ask openly, is it wrong for certain people to have tattoos even though they depict crosses, the face of Jesus, the Rosary, or other things related to the Catholic religion? We should not deny this because situations like this exist everywhere. We can see for ourselves on social media. And it is also possible that it is because they believe in God that the tattoos are scratched on their bodies and they make them feel closer to God. If the tattoo has been on the body for a long time and for many years, is that also a sin? So the question now is whether our actions are in accordance with the verses in the Catholic Holy Bible or not? It cannot be denied that the Catechism of the Catholic Church does not provide details about this. I also hope and pray that in the future our Roman Catholic Church will give us better answers than what I have given here so that we can all make decisions based on the teachings of our Holy Father the Pope as well as the Magisterium of the Catholic Church. Seeing the signs of the times, I am sure that the next Council will be held for our common benefit so that the Catholic Church is able to face various problems and look for new ways to continue to hope in the work of the Holy Spirit. With the existence of the Hierarchy of the Roman Catholic Church which consists of the Holy Father, the Pope, Cardinals, Archbishops, Bishops, Priests, deacons and the faithful, I believe that we can handle this tattoo problem together considering the Hierarchy of the Roman Catholic Church is a blessing from God himself. I see the sincerity of the Second Vatican Council and the Catechism of the Catholic Church for the good of mankind in this world. Indirectly, this event occurred because of a divine mission from God for the Hierarchy structure from before to now. For example, according to official Church teachings, the structure of the Hierarchy includes the essence of life as well. The divine mission that Christ entrusted to the apostles will last until the end of time (cf. Mt 28:20). Because the Gospel that they must preach is for the Church the principle of all life forever. Therefore, in a hierarchically structured association, the Apostles have tried to appoint their successors. So the Council taught that "by divine appointment the bishops replaced the apostles as shepherds of the Church." To them the Apostles ordered them to look after the whole flock, where the Holy Spirit appointed them to shepherd the church of God (cf. Acts 20:28). (LG 20). Their successors, namely, the Bishops, He desires to be shepherds in His Church until the end of time (LG 18). This is what I hope now so that with this Hierarchy structure the official teachings will be established. If I has been present when this Council is held, I will have brought up this matter and at the same time looked forward to hoping that the Holy Mass for our Catholic liturgy could play the same role.

**Bab Ketiga.**

**Chapter Three.**

**Kesan dan pengaruh tato terhadap seni budaya dan masyarakat.**

**The effect and influence of tattoos on culture arts and society.**

Menyedari akan akibatnya terhadap individu, keluarga, komuniti dan masyarakat di tempat kita masing-masing dan juga di seluruh dunia, saya mahu agar kita semua yang terpanggil untuk mengikuti cara hidup dan panggilan disini perlu bersikap terbuka terhadap teguran dan nasihat yang telah diberikan. Bertegaslah terhadap segala godaan dan pengaruh duniawi yang cuba memerangkap cara kita berfikir dan membuat keputusan. Apa yang saya boleh sampaikan disini adalah pertimbangkan semula nilai-nilai kehidupan yang Tuhan telah berikan kepada kita semua. Andaikata kita pernah membuat keputusan yang salah disebabkan imej dan bentuk tato tersebut, jangan ada rasa bersalah dan takut akan dosa. Teruskan melakukan doa discerment dan ambillah keputusan mengikut suara hati kita masing-masing. Melalui cara inilah Tuhan mahu berbicara dengan kita semua. Untuk memudahkan kita membezakan apa yang baik dan apa yang patut kita tinggalkan sekarang, disini saya memberikan beberapa bacaan yang sesuai untuk kita renungkan bersama.

1. Ada banyak tato yang menggambarkan gambar Setan ataupun sesuatu lambang (simbol Setan/Iblis) yang merujuk kepada kepada Setan/Iblis. Tato bergambar yang berunsurkan Setan/Iblis ini adalah tidak boleh dimiliki oleh para murid Kristus.

2. Salah satu motivasi untuk melakukan tato pada sebahagian orang adalah sengaja ataupun bangga menjadi jelek. (Kegembiraan dalam jelek). Ini adalah tanda Setan/Iblis makanya mereka menggambarkan tanda- tanda Setan dan seolah-olah membenci keindahan ciptaan Allah dan sengaja ingin merosakkannya dan memusnahkannya. Motivasi ini juga tidak seharusnya dimiliki orang Kristen. Pada zaman dahulu tato digunakan di penjara atau kem pelarian untuk memberikan tanda kepada para banduan untuk merendahkan martabat mereka. Sesungguhnya adalah mengherankan bahawa sekarang ini ada banyak orang menganggap tato sebagai sesuatu yang bergaya (berfesyen dan menunjuk temberang).

3. Melukai dan merosakkan diri sendiri. Ini adalah dosa terhadap tubuh dan terhadap Perintah Kelima. Sesetengah orang menindik badan hampir mencederakan diri sendiri. Paling baik, menindik badan berganda adalah perbuatan penderaan diri sendiri. Satu bentuk kebencian diri atau penolakan diri mendorong sesetengah orang untuk menikam diri mereka sendiri atau menghiasi diri mereka dengan cara yang mengerikan dan berbahaya. Tubuh manusia tidak dijadikan oleh Tuhan untuk dijadikan kusyen atau mural.

4. Memudaratkan kesihatan. Doktor telah bercakap secara terbuka mengenai isu kesihatan ini. Pada tahun 2001, penyelidik di kedua-dua Universiti Texas dan Universiti Kebangsaan Australia melaporkan kemudaratan kepada kesihatan yang disebabkan oleh tatu dan menindik badan. Sesetengah anting-anting (di pusat, lidah atau telinga atas) tidak sihat dan ini menyebabkan jangkitan atau kemudaratan berpanjangan seperti kecacatan pada kulit. Mereka juga boleh meracuni darah untuk beberapa waktu (septikemia). Tindikan tertentu (contoh, pada hidung, kening, bibir, lidah) tidak ditutup walaupun objek dikeluarkan. Oleh itu, tindikan badan sedemikian adalah tidak bermoral, kerana kita tidak sepatutnya membahayakan kesihatan tanpa motif yang munasabah. Apabila dilakukan secara tidak bersih, tato dan menindik menyebabkan jangkitan. Alat yang digunakan, jika tidak disterilkan dengan betul,

boleh menghantar hepatitis atau HIV. Ada yang berharap untuk mengelakkan bahaya kesihatan dengan mendapatkan tato "inai", yang dicat dan bukannya menggunakan jarum. Pewarnaan inai adalah adat perkahwinan Hindu kuno yang melukis reka bentuk bunga pada kaki dan tangan. Laporan Persatuan Perubatan Jerman tahun ini mendapati bahawa pelancong yang pulang dengan inai yang dibuat di Bali dan Bangkok, antara tempat lain, pergi ke doktor kerana jangkitan kulit yang teruk dan kadangkala alahan sepanjang hayat. Dalam beberapa kes juga, agen pewarna yang digunakan bermakna tato itu pudar, tetapi selepas beberapa minggu kerengsaan kulit, reka bentuk itu muncul semula dalam bentuk tato kemerahan, selalunya sangat menyakitkan bagi pesakit. Alahan berkembang dari 12 jam hingga seminggu selepas penggunaan inai, menyebabkan gatal-gatal yang teruk, kemerahan, melepuh dan bersisik.

5. Keinginan untuk mengejutkan dan menangkis. Ia mungkin sesuai untuk mengejutkan orang, sebagai contoh, apabila seseorang menceritakan nasib orang miskin dan kelaparan, atau membantah jenayah atau eksploitasi yang dahsyat. Ini boleh menjadi perkara yang sihat apabila dilakukan dengan betul dan dengan berhati-hati untuk membangkitkan orang ramai daripada berpuas hati supaya mereka sedar sesuatu mesti dilakukan. Tetapi untuk mengejutkan orang kerana keseronokan orang yang mengejutkan, tanpa niat untuk mempromosikan kebenaran dan kebaikan, bukanlah satu kebaikan, tetapi tanda nilai nilai yang sesat. Dalam menilai tato di bawah tajuk keengganan ini, kita melihat sifat imej, saiz dan bilangan tato, dan tempatnya pada badan. Dalam menilai tindikan, kami menganggap sama luas dan lokasinya pada badan.

6. Tidak senonoh dan tidak hormat. Ia sentiasa tidak bermoral untuk mendapatkan atau mempamerkan tato imej atau frasa yang tidak senonoh atau tokoh yang mengejek Tuhan kita atau Bunda Maria atau benda-benda suci.

7. Tanda-tanda kekeliruan seksual. Lanun dahulunya merupakan satu-satunya lelaki yang memakai anting-anting (atas sebab apa pun!) manakala kelasi dan orang aneh pertunjukan sampingan adalah satu-satunya orang yang mempunyai tato. Apa yang dahulunya sangat terhad kini telah merebak ke bahagian masyarakat yang lebih luas. Pada tahun 1970-an, anting-anting yang dipakai oleh seorang lelaki di telinga kiri, atau kanan, atau kedua-duanya, adalah tanda kod orientasi peribadinya dan dengan itu satu bentuk menjemput pasangan. Oleh itu, ia adalah jelas tidak bermoral dan secara amnya adalah iklan maksiat seseorang. Anting-anting pada kanak-kanak lelaki dan lelaki adalah sangat biasa sekarang sehingga mereka telah kehilangan kepentingan itu, tetapi mereka tidak pernah dituntut secara positif oleh keperluan sosial, kerana sut dan tali leher diperlukan secara sosial pada majlis rasmi tertentu. Walaupun mengakui kekurangan simbolisme yang jelas sekarang, saya menjangkakan mana-mana seminari akan memberitahu mana-mana penyiasat bahawa dia perlu menanggalkan sebarang anting-anting atau kancing sebelum masuk, dan menyoalnya tentang bila dia mula memakainya dan mengapa. Seorang seminarian atau paderi yang memakai anting-anting tidak boleh diterima secara sosial dalam Gereja Katolik. Sebilangan besar umat akan tertanya-tanya tentang sebab atau motivasi yang lebih mendalam. Tidak seorang pun dalam kedudukan awam seperti itu mula memakai anting-anting tanpa membuat keputusan yang disengajakan. Sebagai seorang paderi Jesuit tua yang bijak pernah berkata kepada saya, "Tiada sesiapa yang mengubah luaran tanpa mengubah dalaman." Ia dianggap sebagai apa yang orang panggil "membuat kenyataan." Tata kelakuan yang diharapkan sama berlaku untuk lelaki dalam profesion lain seperti anggota polis atau guru. Majikan dan pengetua harus membuat peraturan yang mengharamkan sebarang perhiasan sedemikian untuk kakitangan dan pelajar lelaki. Terutama untuk golongan muda, peraturan sedemikian melindungi mereka daripada diri mereka sendiri dan daripada tekanan rakan sebaya.

Hakikatnya, masih hari ini, anting-anting berleluasa di kalangan wanita, dan dalam penggunaan minoriti di kalangan lelaki.

8. Tidak sesuai. Kadang-kadang orang membuat tato sendiri dengan imej besar salib atau gambar suci lain. Tubuh manusia adalah tempat yang paling tidak sesuai untuk imej sedemikian, walaupun ia cantik. Setiap kali orang ini pergi berenang, sebagai contoh, mereka mempamerkan imej ini dengan cara yang tidak sesuai. Tiada imam yang akan pergi ke pusat membeli-belah dengan memakai pakaian Misa, bukan kerana ada sesuatu yang tidak kena dengan pakaian, tetapi kerana ada masa dan tempat untuk memakai simbol keagamaan yang istimewa.

9. Kesombongan. Sesetengah lelaki khususnya membuat tato lengan atas dan bawah mereka untuk menjadi megah dan mengagumkan. Ia adalah satu cara untuk menarik perhatian kepada diri mereka sendiri. Tiada sesiapa yang bertemu dengan mereka boleh gagal untuk melihat tato - ke tahap di mana ia sebenarnya adalah gangguan yang berterusan. Ia menjejaskan orang itu, dan terlalu menumpukan perhatian pada penampilan luaran badan. Perkara yang sama boleh dikatakan untuk kancing pada lidah, cincin di hidung, atau anting-anting di seluruh telinga dan kening seseorang. Ini bukan sebahagian daripada budaya kita; paling banyak, mereka adalah sebahagian daripada sub-budaya tertentu, pengaruh minoriti, tanpa kepentingan agama atau sosial yang positif. Tiada siapa yang mengatakan adalah salah untuk berpakaian, tetapi di sini adalah soal kesederhanaan dan budi bicara. Kitab Suci secara tersirat mengiktiraf bahawa adalah baik untuk pengantin perempuan dihiasi untuk suaminya apabila Yerusalem syurgawi dibandingkan dengan wanita sedemikian (Wahyu 21:2). Adalah baik untuk seorang wanita berpakaian kemas dan menggunakan alat solek apabila diperlukan, tetapi semua orang menyedari apabila perhiasan itu telah melampaui batas dan menjadikannya kelihatan menggoda atau murah.

10. Tidak matang dan kurang berhemat. Sesuatu tindakan yang boleh diterima atau tidak ambil peduli dengan sendirinya boleh menjadi

salah jika niat atau motifnya salah. Sesetengah orang muda mengamalkan fesyen yang keterlaluan kerana keinginan yang tidak matang untuk memberontak terhadap masyarakat atau terhadap ibu bapa mereka. Penderhakaan terhadap ibu bapa adalah berdosa. Ada yang melakukannya kerana keinginan yang tidak matang untuk menyesuaikan diri dengan rakan-rakan mereka, dan yang lain kerana keinginan yang tidak matang untuk menonjol dari semua orang di sekeliling mereka. Ada yang melakukannya kerana bosan, kerana ia adalah sesuatu yang berbeza, kerana ia memberi mereka keseronokan, kerana ia adalah sesuatu untuk rakan-rakan mereka untuk mengagumi dan mengulas. Mengikuti kecenderungan yang membosankan sentiasa menjadi tanda ketidakmatangan. Bagi anak muda yang tinggal di rumah di bawah kuasa ibu bapa, cukuplah jika ibu bapa mereka menyatakan ketidaksetujuan mereka terhadap fesyen sedemikian untuk mengetahui bahawa mereka tidak sepatutnya meneruskan. Sesetengah orang muda semakin melampau dan bersaing antara satu sama lain tentang siapa yang paling banyak menusuk mana-mana bahagian badan. Ibu bapa mesti melarang kelakuan sedemikian sama sekali.

Orang muda sukar untuk membenarkan perbelanjaan besar (apatah lagi kesakitan) yang terlibat dalam mendapatkan tato. Ia juga tidak wajar dan sangat bodoh untuk menandakan tubuh anda seumur hidup dengan imej yang tidak bernilai atau dengan nama kekasih semasa seseorang. Contoh baru-baru ini yang saya dengar memberi gambaran tentang masa dan perbelanjaan: seorang gadis muda mempunyai tato sebelah atas dan bawah. Ia memerlukan dua sesi empat jam dan menelan kos $1,000 (Amerika).

Tato adalah lebih serius daripada perhiasan lain kerana ia lebih kurang tanda kekal pada badan. Ramai lelaki atau wanita telah bertato dengan gembira pada masa mudanya, tetapi menyesalinya tidak berapa tahun kemudian apabila mereka menganggapnya sebagai kecacatan yang memalukan. Apabila mereka matang, mereka membayar mahal untuk kemewahan menyingkirkannya. Penyingkiran tato adalah mahal dan sukar - dan boleh meninggalkan parut. Pembuangan tato besar memerlukan pembedahan di bawah anestetik am, dengan semua potensi risiko, serta kos perubatan dan hospital yang ketara. Pembuangan tato besar boleh menyebabkan bahagian besar kulit menjadi cacat atau bertompok secara kekal, seperti kulit yang telah melecur. Ramai orang dewasa mendapati diri mereka tidak layak untuk beberapa pekerjaan, kerana perniagaan tidak akan menggaji mereka dengan tangan mereka ditutup dengan tato, mustahil untuk disembunyikan bertahun-tahun selepas kebodohan masa muda mereka.

Kriteria Universal.

Dalam mana-mana budaya, perkara boleh timbul, boleh diterima dan menjadi sebahagian daripada budaya – tetapi ini tidak semestinya menjadikannya betul. Berikut adalah beberapa contoh dari budaya asing yang saya anggap sama salahnya. Dalam satu suku Afrika, wanita memakai anting-anting yang besar dan berat yang mengubah bentuk cuping telinga. Di tempat lain, wanita meletakkan gegelung di leher mereka dan memanjangkannya secara luar biasa, atau meletakkan pinggan di dalam mulut mereka untuk membuat bibir menonjol beberapa inci. Di China, pernah ada amalan mengikat kaki gadis dengan kuat untuk menghalang mereka daripada membesar, kerana kaki yang kecil dan mungil dikagumi. Ini dan perubahan drastik lain kepada pertumbuhan semula jadi tubuh manusia mesti dinilai sebagai tidak bermoral, sebagai bentuk penderaan yang timbul dari kesombongan.

Ia tidak selalu mungkin untuk melukis garisan yang tepat dan menyatakan di mana batas kesederhanaan telah dilampaui. Tetapi ini tidak bermakna tiada garis. Tiada siapa yang boleh menentukan berapa suhu tepat sehari berlalu daripada sejuk kepada sejuk, tetapi semua orang tahu bahawa apabila suhu menghampiri sifar, ia adalah sejuk yang tidak boleh dipertikaikan. Jangan sekali-kali kita terpengaruh dengan muslihat yang cuba berhujah dari sempadan atau kes-kes sukar bahawa tidak ada garis panduan atau prinsip, dan bahawa tidak ada maksud atau kesederhanaan yang adil, hanya kerana ia sukar untuk ditakrifkan.

Tubuh manusia dimaksudkan untuk dirawat dengan berhati-hati, bukan dianiaya atau dicacatkan. Martabat dan keindahannya mesti dijaga dan dipupuk, agar ia menjadi ekspresi keindahan jiwa yang lebih dalam.

[Paderi Peter Joseph adalah wakil rektor dan dosen dogma di Vianney College, seminari keuskupan Wagga Wagga, Australia].[1]

Aware of the consequences for individuals, families, communities and society in our respective places and throughout the world, I want all of us who are called to follow the way of life and vocation here to be open to the reprimand and advice that has been given. Be firm about all temptations and worldly influences that try to trap the way we think and make decisions. What I can say here is to reconsider the values of life that God has given to all of us. If we ever make the wrong decision because of the image and shape of the tattoo, don't feel guilty or afraid of sin. Continue to pray discernment and make decisions following the voice of our hearts. It is through this way that God wants to speak to all of us. To make it easier for us to differentiate between what is good and what we should leave behind now, here I provide several readings that are suitable for us to reflect on together.

Many upright people are repelled by modern fads and fashions, such as tattooing, multiple earrings and other body piercing, but feel unequipped to give a clear judgment on the morality of such practices, or to rebut the charge that they are elevating their personal preferences into a moral code. In this article, I will set out some criteria that are relevant to making a moral judgment on these things. In the Old Testament, the Chosen People were specifically commanded: *"You will not gash your bodies when someone dies, and you will not tattoo yourselves. I am Yahweh."* (Leviticus 19:28). Inspired by God, St. Paul admonishes us: *"Do you not realise that your body is the temple of the Holy Spirit, who is in you and whom you received from God? You are not your own property, then; you have been bought at a price. So use your body for the glory of God* (1 Cor

1. http://www.latinmassmagazine.com/articles/articles_2002_SU_Joseph.html

6:19-20). Being a temple of the Holy Spirit, we owe our body due care and protection and decorum. In some cultures, a special bodily mark or design – on the forehead, for example – signifies a certain attainment or marital status, or whatever, and is socially acceptable. Ethiopian Christians, to name one group, wear tattoo crosses on their foreheads. In Samoa, it was once a widespread custom to tattoo the eldest son or daughter of the local ruling family. In Western societies, earrings and makeup are acceptable as a part of feminine fashions and public presentability. But certain types of body piercing and decorations in our society are extreme and unjustified, and some of them are motivated by anti-Christian sentiments.

It would be impossible to give black-and-white judgments on all bodily decorations. But we can point to a few negative aspects that should be of concern to a Christian. Unless otherwise stated, this article will refer to Western societies only. I will treat the more serious concerns first and then the less serious.

1. Diabolical images. Tattoos of demons are quite common, yet no Christian should ever sport an image of a devil or a Satanic symbol.

2. Exultation in the ugly. This is a mark of the Satanic, which hates the beauty of God's creation and tries to destroy it and to ruin others' appreciation of it. More than just being ugly, some body piercing is the expression of delight in being ugly.

We recognize bad taste in tattoos, rings and studs, by looking at their nature, size, extent and place on the body. Ironically, even florid and colorful tattoos fade over time and end up looking dark and dreary. When one considers how, in concentration camps, prisoners were treated like animals and branded on their arm with a number, it is amazing to think that people today adopt similar markings as if they were fashionable or smart. This is truly the sign of a return to barbarity, the behavior of people who do not have any sense of the dignity of the human person.

3. Self-mutilation and self-disfigurement. This is a sin against the body and against the Fifth Commandment. Some body piercing verges on self-mutilation. At best, multiple body piercing is self-inflicted abuse. A form of self-hatred or self-rejection motivates some to pierce themselves or decorate themselves in a hideous and harmful fashion. The human body was not made by God to be a pin cushion or a mural.

4. Harm to health. Doctors have spoken publicly on this health issue. In 2001, researchers at both the University of Texas and the Australian National University reported on harm to health caused by tattoos and body piercing. Some earrings (on the navel, tongue or upper ear) are unhealthy and cause infections or lasting harm such as deformities of the skin. They can also poison the blood for some time (septicaemia). Certain piercings (e.g., on the nose, eyebrows, lip, tongue) do not close over even when the object is removed. Such body piercing, therefore, is immoral, since we should not endanger health without a reasonable motive. When done unhygienically, tattoos and piercing cause infection. A used instrument, if not properly sterilized, can transmit hepatitis or HIV.

Some have hoped to avoid health dangers by getting "henna" tattoos, which are painted on rather than done with needles. Henna staining is an ancient Hindu wedding custom of painting floral designs on the feet and hands. A German Medical Association report this year found that tourists returning home with hennas done in Bali and Bangkok, among other places, were going to the doctor because of severe skin infections and sometimes lifelong allergies. In some cases also, the coloring agent used meant that the tattoo faded away, but after several weeks of skin irritation, the design reappeared in the form of a reddish tattoo, often very painful for the patient. Allergies developed from 12 hours to a week after the application of the henna, causing intense itching, redness, blistering and scaling.

5. A desire to shock and repel. It can be appropriate to shock people, as for example, when one recounts the plight of poor and hungry people,

or protests against crimes or terrible exploitation. This can be a healthy thing, when done properly and with due care, to arouse people out of complacency, so that they realize something must be done. But to shock people for the thrill of shocking people, with no intention to promote truth and goodness, is not a virtue, but a sign of a perverted sense of values.

In evaluating tattoos under this heading of repulsiveness, we look at the nature of the images, the size and number of the tattoos, and their place on the body. In evaluating piercings, we consider similarly their extent and location on the body.

6. Indecency and irreverence. It is always immoral to get or exhibit tattoos of indecent images or phrases, or derisive figures of Our Lord or His Mother or holy things.

7. Signs of a sexual disorientation. Pirates used to be the only males who wore earrings (for whatever reason!) while sailors and side-show freaks were just about the only people with tattoos. What was once so restricted has now spread to wider sections of the community. In the 1970s, an earring worn by a man in the left ear, or the right, or both, was a code-sign of his personal orientation and thus a form of picking up partners. As such, it was blatantly immoral, and generally an advertisement of one's immorality. Earrings in boys and men are so common now that they have lost that significance, but they are never positively demanded by social requirements, as a suit and tie are socially required on certain formal occasions. Even admitting the lack of clear symbolism now, I would expect any seminary to tell any inquirer that he would have to remove any earring or stud before entering, and question him as to when he started wearing it and why. A seminarian or priest sporting an earring is not socially acceptable in the Catholic Church. A good number of parishioners would wonder about the deeper reasons or motivation. No one in such a public position starts to wear an earring without making a deliberate decision. As a wise old Jesuit priest said to me once, "No one changes externals without having changed internals."

It is regarded as what people call "making a statement." The same code of expected conduct applies to men in other professions, such as policemen or teachers.

Employers and principals should make rules outlawing any such jewelry for male staff and students. Especially for the young, such rules protect them both from themselves and from peer pressure. The fact is that, still today, earrings are prevalent among females, and in minority use among males.

8. Unsuitability. Sometimes people tattoo themselves with a big image of a crucifix or other holy pictures. The human body is a most unsuitable place for such an image, even if it be a beautiful one. Whenever these people go swimming, for example, they are exhibiting this image in an inappropriate fashion. No priest would ever go down to a shopping center in Mass vestments, not because there is something wrong with vestments, but because there is a time and a place for donning special religious symbols.

9. Vanity. Some men in particular tattoo their upper and lower arms in order to be ostentatious and impressive. It is a means of drawing attention to themselves. No one who meets them can fail to notice the tattoos – to the point at which it is in fact a constant distraction. It detracts from the person, and focuses attention too much on the body's external appearance. The same can be said for a stud on the tongue, a ring in the nose, or earrings all over one's ears and eyebrows. These are not part of our culture; at most, they are part of a certain subculture, a minority affectation, devoid of religious or positive social significance. No one is saying it is wrong to dress up, but here it is a question of moderation and discretion. Sacred Scripture implicitly recognizes that it is good for a bride to be adorned for her husband when the heavenly Jerusalem is compared to such a woman (Apoc. 21:2). It is good for a lady to be well dressed and to use makeup when the occasion calls for it, but everyone recognizes when the embellishment has gone over the top and makes her look seductive or cheap.

10. Immaturity and imprudence. An action acceptable or indifferent in itself can become wrong if the intention or motive is wrong. Some young people adopt outrageous fashions out of an immature desire to rebel against society or against their parents. Such disobedience against parents is sinful. Some do it out of an immature desire to conform to their friends, and others out of an equally immature desire to stick out from everyone around them. Some do it out of boredom, because it is something different, because it gives them a thrill, because it is something for their friends to admire and comment on. Mindless following of fads is always the mark of immaturity. For young people who live at home under their parents' authority, it is enough if their parents express their disapproval of such fashions to know that they should not go ahead. Some young people go to further extremes and vie with each other as to who can pierce whatever part of the body the most. Parents must forbid such behavior absolutely.

Young people can hardly justify the big expenditure (not to mention the pain) involved in getting a tattoo. It is also unjustified and just plain silly to mark your body for life with images of no great worth or with the name of one's current lover. A recent example I heard of gives an idea of the time and expense: a young girl had one arm tattooed up and down. It required two four-hour sessions and cost $1,000 (American).

Tattoos are more serious than other adornments since they are more or less permanent marks on the body. Many a man or woman have been tattooed gladly in youth, but regretted it not so many years later when they came to regard it as an embarrassing disfigurement. Once they mature, they pay dearly for the luxury of getting rid of it. The removal of tattoos is expensive and difficult – and can leave scars. The removal of big tattoos requires surgery under a general anaesthetic, with all the potential risks, plus the significant medical and hospital costs. The removal of large tattoos can leave big segments of the skin permanently disfigured or blotched, like skin that has been burnt. Many adults find themselves ineligible for some jobs, because businesses will not employ them with their hands covered in tattoos, impossible to conceal years after their youthful folly.

Universal Criteria.

In any culture, things can arise, become acceptable, and become part of the culture – but this does not necessarily make them right. Here are some examples from foreign cultures that I regard as equally wrong. In one tribe of Africa, women wear gigantic and heavy earrings that change the shape of the earlobes. In another place, women put coils around their necks and elongate them unnaturally, or put plates in their mouths to make the lips protrude some inches. In China, there was once the practice of binding girls' feet tightly to stop them from growing, because small, dainty feet were admired. These and other drastic alterations to the natural growth of the human body must be judged immoral, as forms of abuse springing from vanity.

It is not always possible to draw an exact line and say where the bounds of moderation have been exceeded. But this does not mean that there is no line. No one can define at what exact temperature a day passes from being cool to cold, but everyone knows that when the temperature is near zero, it is cold beyond dispute. Let us never fall for the ploy that tries to argue from borderline or difficult cases that there are no guidelines or principles, and that there is no such thing as a just mean or moderation, just because they are hard to define.

The human body is meant to be treated with care, not maltreated or disfigured. Its dignity and beauty must be kept and cultivated, in order that it be an expression of the deeper beauty of the soul.

[Father Peter Joseph is vice-rector and lecturer in dogma at Vianney College, the diocesan seminary of Wagga Wagga, Australia]. [2]

**Bab Keempat.**

**Penutup.**

**Kesimpulan.**

**Chapter Four.**

2. http://www.latinmassmagazine.com/articles/articles_2002_SU_Joseph.html

**Closing.**

**Conclusion.**

Semoga dengan penjelasan tentang tato ini memudahkan kita semua untuk mengambil sikap yang rasional *(dapat berfikir berdasarkan alasan dan bukti yang nyata dan akan mengambil tindakan berasaskan pertimbangan yang wajar)*. Jangan salahkan diri sendiri jika tato itu sudah bertahun-tahun lamanya. Tetapi sama ada itu perbuatan mengores tato itu berdosa ataupun tidak, jawapan yang saya dapat berikan disini adalah tidak berdosa dan juga berdosa. Mengapa saya mengatakan sedemikian? Pertama, Katekismus Gereja Katolik kita tidak menyebutkan secara terperinci mengenai perbuatan tato ini. Jadi membuat tato itu tidak ada kaitan langsung dengan pelanggaran moral, kecuali jika pilihan kita untuk membuat tato itu dilakukan dengan motif dan niat yang jahat, seperti yang sudah saya huraikan dalam point 1-10 di atas. Kedua, jika tato itu dimaksudkan untuk hiasan dan pameran sebagai identiti dan membawa maksud tato religius agama Katolik, maka jawapan untuk masalah tato ini adalah tidak perlu kita lakukan lagi. Walaupun pada mulanya niat kita hanya untuk pada diri sendiri lebih-lebih lagi sudah terlanjur dilakukan, maka hal-hal sedemikian tidak patut kita persoalkan lagi. Ingatlah akan Firman Allah ini, *"Janganlah kamu menggoresi tubuhmu karena orang mati dan janganlah merajah tanda-tanda pada kulitmu; Akulah TUHAN."* (Im 19:28). Dan di dalam surat Rasul Paulus 1 Kor 6:19-20, *"Atau tidak tahukah kamu, bahwa tubuhmu adalah bait Roh Kudus yang diam di dalam kamu, Roh Kudus yang kamu peroleh dari Allah, dan bahawa kamu bukan milik kamu sendiri? Sebab kamu telah dibeli dan harganya telah lunas dibayar: Karena itu muliakanlah Allah dengan tubuhmu!"* Oleh yang demikian, saya menasihatkan agar kita semua perlu menolak penggunaan tato ini bermula pada hari ini dan juga di masa hadapan. Saya tidak menggalakkan anda semua untuk mengores tato di tubuh badan dan menjadikan tato itu sebagai hiasan dan pameran bagi diri sendiri dan masyarakat. Cukuplah untuk menyatakan diri kita hanya dengan hati yang bertobat secara rohani, sungguh-sungguh menjadi milik Allah yang telah dimeteraikan melalui Sakramen Pembaptisan dan Penguatan. Tanda khusus dari Allah ini membawa kita untuk bersyukur dan memuji kepada Tuhan di Ekaristi. Maka saya sebagai Pelayan Atasan Tertinggi mahu kita semua menjaga identiti kita sebagai anak-anak Allah. Jadi pertobatan merujuk kepada sikap batin terlebih dahulu dan kemudian akan memancar buah-buah dari Roh Kudus. Jika ini yang kita hayati bersama iaitu penghayatan iman di dalam hati dan doa, barulah setelah itu akan dengan sendirinya terlihat di luar melalui percakapan kita dan perbuatan, dan melalui sikap tubuh untuk menjaganya kerana menyedari bahawa kita ini adalah milik Tuhan. Jika apa yang saya sampaikan disini masih kurang lengkap, mohonlah bantuan dari Roh Kudus agar anda akan mengerti dan memahami mengapa saya menolak dan tidak menerima penggunaan tato ini untuk semua kita yang ada di dalam Yesus, Maria, Yusuf Pelayanan Kasih (Blessed and Saints and the Nine Choirs of Angels). Kita di panggil dan di utus oleh Tuhan untuk menyelamatkan jiwa-jiwa agar masuk ke Syurga tanpa dosa dan kejahatan. Ingatlah kata-kata nasihat saya disini dan bawalah pesan ini kepada semua orang.

Hopefully this explanation about tattoos will make it easier for all of us to take a rational attitude (can think based on real reasons and evidence and will take action based on reasonable considerations). Don't blame yourself if the tattoo has been around for years. But whether the act of scratching a tattoo is sinful or not, the answer I can give here is that it is neither sinful nor sinful. Why do I say that? Firstly, our Catechism of the Catholic Church does not mention in detail the act of tattooing. So getting a tattoo has no direct connection with moral violations, unless our choice to get a tattoo is done with evil motives and intentions, as I have explained in points 1-10 above. Second, if the tattoo is intended for decoration and exhibition as an identity and carries the religious meaning of the Catholic religion, then the answer to this tattoo problem is that we don't need to do it anymore. Even though at first our intention is only for ourselves, what's more, it has already been carried out, so we don't need to question such things anymore. Remember the Word of God, *"You will not gash your bodies when someone dies, and you will not tattoo yourselves. I am Yahweh."* (Leviticus 19:28). And in the letter of the Apostle Paul 1 Cor 6:19-20, *"Do you not realise that your body is the temple of the Holy Spirit, who is in you and whom you received from God? You are not your own property, then; you have been bought at a price. So use your body for the glory of God. "*Therefore, I suggest that we all need to reject the use of this tattoo from today and also in the future. I do not encourage all of you to get tattoos on your body and make them as decoration and exhibition for yourself and society. It is enough to declare ourselves only with a spiritually converted heart, truly belonging to God who has been sealed through the Sacraments of Baptism and Confirmation. This special sign from God leads us to give thanks and praise to God in the Eucharist. So, as a Most High Servant, I want all of us to maintain our identity as children of God. So repentance refers to an inner attitude first and then the fruits of the Holy Spirit will radiate. If this is what we live together, namely the appreciation of faith in our hearts and prayer, only then will it automatically become visible on the outside through our conversations and actions, and through our physical posture to protect it because we realize that we belong to God. If what I have conveyed here is still incomplete, ask for help from the Holy Spirit so that you will understand and comprehend why I reject and do not accept the use of this tattoo for all of us who are in Jesus, Mary, Joseph Ministry of Love (Blessed and Saints and the Nine Choirs of Angels). We are called and sent by God to save souls so they can enter Heaven without sin and evil. Remember my words of advice here and carry this message to everyone.

**Lampiran dan rujukan:**

**Appendix and references:**

1). New Jerusalem Bible.

2) Alkitab Katolik / The Catholic Bible.

3) Katekismus Gereja Katolik / Catechism of the Catholic Church.

4). Father Peter Joseph is vice-rector and lecturer in dogma at Vianney College, the diocesan seminary of Wagga Wagga, Australia. [3]

5). Pope Francis talks tech, sex and tattoos with young adults / Bapa Suci Sri Paus Fransiskus berbicara tentang teknologi, seks, dan tato dengan kaum muda.[4]

6). Documents of the First Vatican Council.

7). Documents of the Second Vatican Council.

https://www.vatican.va/archive/hist_councils/ii_vatican_council/index.htm

https://www.vatican.va/archive/hist_councils/i-vatican-council/index.htm

https://www.papalencyclicals.net/councils/ecum20.htm

Reference Study:

1. Jesus. Mary, Joseph Ministry of Love (Blessed and Saints and the Nine Choirs of Angls) – My blogs.

2. Laman Resmi Yesus, Maria, Yusuf Pelayanan Kasih (Blessed and Saints and the Nine Choirs of Angels)

3. The Official page of Jesus, Mary, Joseph Ministry of Love (Blessed and Saints and the Nine Choirs of Angels)

4. Alkitab Katolik / Catholic Bible.

My Vocation is Blessed and Saints.

"I am the most humble of all the Saints in Heaven" Mary, Mother of God. "I am the handmaid of the Lord, said Mary 'let what you have said be done to me." (Luke 1: 38). Mother Mary is the most humble Saint in Heaven and she is also the Mother of God for us all (Luke 1:38)

*Jonathan Fabian Ginunggil,*

*Yesus, Maria, Yusuf Pelayanan Kasih / Jesus, Mary Joseph Ministry of Love*

---

3. http://www.latinmassmagazine.com/articles/articles_2002_SU_Joseph.html

4. https://www.americamagazine.org/faith/2018/03/19/pope-francis-talks-tech-sex-and-tattoos-young-adults

*(Blessed and Saints and the Nine Choirs of Angels) Catholic Church.*
*Kampung Kituau 89500 Penampang Sabah Malaysia.*
*Email: jonathanfabianginunggil@gmail.com*
*Contact Number: 014-9108120*

# Don't miss out!

Visit the website below and you can sign up to receive emails whenever Jonathan Fabian Ginunggil publishes a new book. There's no charge and no obligation.

https://books2read.com/r/B-A-KTRNE-MAZGH

BOOKS 2 READ

Connecting independent readers to independent writers.

# About the Publisher

Jonathan Fabian Ginunggil, Kampung Kituau 89500 Penampang, Sabah, Malaysia. Catholic Church.

Pelayan Atasan Tertinggi / Most High Servant, Yesus, Maria, Yusuf Pelayanan Kasih / Jesus, Mary, Joseph Ministry of Love (Blessed and Saints and the Nine Choirs of Angels)

Contact Number:

014-9108120

Email: jonathanfabianginunggil@gmail.com

Read more at https://www.blogger.com/profile/06201032119803224371.

www.ingramcontent.com/pod-product-compliance
Lightning Source LLC
LaVergne TN
LVHW010100061026
849532LV00005BA/1871

* 9 7 9 8 2 3 1 8 9 0 7 6 7 *